Todos los libros de Linkgua Ediciones cuentan con modelos de Inteligencia Artificial entrenados por hispanistas. Pregúntale al chat de tu libro lo que desees acerca de la obra o su autor/a.

Para **ebooks**: Accede a nuestro modelo de IA a través de este enlace.

Para **libros impresos**: Escanea el código QR de la portada con tu dispositivo móvil.

Obtén análisis detallados de nuestros libros, resúmenes, respuestas a tus preguntas y accede a nuestras ediciones críticas generativas para una experiencia de lectura más enriquecedora.
La transparencia y el respeto hacia la autoría de las fuentes utilizadas son distintivos básicos de nuestro proyecto. Por ello, las respuestas ofrecen, mediante un sistema de citas, las fuentes con las que han sido elaboradas.

Autores varios

Constitución uruguaya de 1830

Barcelona 2024
Linkgua-ediciones.com

Créditos

Título original: Constituciones Fundacionales de Uruguay

© 2024, Red ediciones S.L.

e-mail: info@linkgua.com

Diseño de cubierta: Michel Mallard.

ISBN rústica ilustrada: 978-84-1126-784-7.
ISBN ebook: 978-84-9897-617-5.

Sumario

Constitución uruguaya de 1830

10 de septiembre de 1829, con reformas de 28 de agosto de 1912

En el nombre de Dios Todo Poderoso, Autor, Legislador y Conservador Supremo del Universo.

NOSOTROS, los Representantes nombrados por los Pueblos situados a la parte Oriental del Río Uruguay, que, en conformidad de la Convención preliminar de Paz, celebrada entre la República Argentina y el Imperio del Brasil, en 27 de agosto del año próximo pasado de 1828, deben componer un Estado libre e independiente; reunidos en Asamblea General, usando de las facultades que se nos han cometido, cumpliendo con nuestro deber, y con los vehementes deseos de nuestros representados, en orden a, proveer así, común defensa y tranquilidad interior, a establecerles justicia, promover el bien y la felicidad general, asegurando los derechos y prerrogativas de su libertad civil y política, propiedad e igualdad, fijando las bases fundamentales, y una forma de gobierno que les afiance aquéllos, del modo más conforme con sus costumbres, y que sea más adaptable a sus actuales circunstancias y situación; según nuestro saber, y lo que nos dicta nuestra íntima conciencia, acordamos, establecemos, y sancionamos la presente Constitución.

Sección primera. De la Nación, su soberanía y culto

Capítulo I

Artículo 1. El Estado Oriental del Uruguay es la asociación política de todos los ciudadanos comprendidos en los nueve departamentos actuales de su territorio.

Artículo 2. Él es y será para siempre libre, e independiente de todo poder extranjero.

Artículo 3. Jamás será el patrimonio de persona, ni de familia alguna.

Capítulo II

Artículo 4. La soberanía en toda su plenitud existe radicalmente en la Nación, a la que compete el derecho exclusivo de establecer sus leyes, del modo que más adelante se expresará.

Capítulo III

Artículo 5. La religión del Estado es la Católica Apostólica Romana.

Sección II. De la ciudadanía, sus derechos, modos de suspenderse y perderse

Capítulo I

Artículo 6. Los ciudadanos del Estado Oriental del Uruguay son naturales o legales.

Artículo 7. Ciudadanos naturales son todos los hombres libres, nacidos en cualquier punto del territorio del Estado.

Artículo 8. Ciudadanos legales son: los extranjeros, padres de ciudadanos naturales, avecindados en el país antes del establecimiento de la presente Constitución; los hijos de padre o madre natural del país, nacidos fuera del Estado, desde el acto de avecindarse en él; los extranjeros que, en calidad de oficiales, han combatido y combatieren en los ejércitos de mar o tierra de la Nación; los extranjeros, aunque sin hijos, o con hijos extranjeros, pero casados con hijas del país, que, profesando alguna ciencia, arte o industria, o poseyendo algún capital en giro, o propiedad raíz, se hallen residiendo en el Estado al tiempo de jurarse esta Constitución; los extranjeros, casados con extranjeras, que tengan alguna de las calidades que se acaban de mencionar, y tres años de residencia en el Estado; los extranjeros no casados, que también tengan alguna de las dichas calidades, y cuatro años de residencia; los que obtengan gracia especial de la Asamblea, por servicios notables, o méritos relevantes.

Capítulo II

Artículo 9. Todo ciudadano es miembro de la soberanía de la Nación; y como tal, tiene voto activo y pasivo en los casos y forma que más adelante se designarán.

Artículo 10. Todo ciudadano puede ser llamado a los empleos públicos.

Capítulo III

Artículo 11. La ciudadanía se suspende:
1.º Por ineptitud física o moral, que impida obrar libre y reflexivamente.
2.º Por la condición de sirviente a sueldo, peón jornalero, simple soldado de línea, notoriamente vago o legalmente procesado en causa criminal, de que pueda resultar pena corporal o infamante.
3.º Por el hábito de ebriedad.
4.º Por no haber cumplido veinte años de edad, menos siendo casado desde los dieciocho.
5.º Por no saber leer ni escribir, los que entren al ejercicio de la ciudadanía desde el año de mil ochocientos cuarenta en adelante.
6.º Por el estado de deudor fallido, declarado tal por juez competente.
7.º Por deudor al Fisco, declarado moroso.

Capítulo IV

Artículo 12. La ciudadanía se pierde:
1.º Por sentencia que imponga pena infamante.
2.º Por quiebra fraudulenta, declarada tal.
3.º Por naturalizarse en otro país.
4.º Por admitir empleos, distinciones o títulos de otro Gobierno, sin especial permiso de la Asamblea; pudiendo, en cualquiera de estos cuatro casos, solicitarse y obtenerse rehabilitación.

Sección III. De la forma de Gobierno y sus diferentes Poderes

Capítulo único

Artículo 13. El Estado Oriental del Uruguay adopta para su gobierno la forma representativa republicana.

Artículo 14. Delega al efecto el ejercicio de su soberanía en los tres Altos Poderes, Legislativo, Ejecutivo y Judicial, bajo las reglas que se expresarán.

Sección IV. Del Poder Legislativo y sus Cámaras

Capítulo I

Artículo 15. El Poder Legislativo es delegado a la General.

Artículo 16. Ésta se compondrá de dos Cámaras, una de Representantes y otra de Senadores.

Artículo 17. A la Asamblea General compete:
1.º Formar y mandar publicar los Códigos.
2.º Establecer los Tribunales y arreglar la Administración de Justicia.
3.º Expedir leyes relativas a la independencia, seguridad, tranquilidad y decoro de la República; protección de todos los derechos individuales, y fomento de la ilustración, agricultura, industria, comercio exterior e interior.
4.º Aprobar o reprobar, aumentar o disminuir los presupuestos de gastos que presente el Poder Ejecutivo; establecer las contribuciones necesarias para cubrirlos; su distribución; el orden de su recaudación e inversión, y suprimir, modificar o aumentar las existentes.
5.º Aprobar o reprobar en todo, o en parte, las cuentas que presente el Poder Ejecutivo.
6.º Contraer la deuda nacional, consolidarla, designar sus garantías, y reglamentar el Crédito público.
7.º Decretar la guerra y aprobar o reprobar los Tratados de paz, alianza, comercio y cualesquiera otros que celebre el Poder Ejecutivo con potencias extranjeras.

8.º Designar todos los años la fuerza armada, marítima y terrestre, necesaria en tiempo de paz y de guerra.

9.º Crear departamentos, arreglar sus límites, habilitar puertos, establecer Aduanas, y derechos de exportación e importación.

10.º Justificar el peso, ley y valor de las monedas; fijar el tipo y denominación de las mismas, y arreglar el sistema de pesas y medidas.

11.º Permitir o prohibir que entren tropas extranjeras en el territorio de la República, determinando, para el primer caso, el tiempo en que deban salir de él.

12.º Negar o conceder la salida de fuerzas nacionales fuera de la República, señalando, para este caso, el tiempo de su regreso a ella.

13.º Crear y suprimir empleos públicos; determinar sus atribuciones; designar, aumentar o disminuir sus dotaciones o retiro; dar pensiones o recompensas pecuniarias, o de otra clase, y decretar honores públicos a los grandes servicios.

14.º Conceder indultos, o acordar amnistías en casos extraordinarios, y con el voto a lo menos de las dos terceras partes de una y otra Cámara.

15.º Hacer los reglamentos de milicias, y determinar el tiempo y número en que deben reunirse.

16.º Elegir el lugar en que deban residir las primeras autoridades de la Nación.

17.º Aprobar o reprobar la creación y reglamentos de cualesquiera Bancos que hubieren de establecerse.

18.º Nombrar, reunidas ambas Cámaras, la, persona que haya de desempeñar el Poder Ejecutivo, y los miembros de la Alta Corte de Justicia.

Capítulo II

Artículo 18. La Cámara de Representantes se compondrá de miembros elegidos directamente por los pueblos, en la forma que determine la ley de elecciones, que se expedirá oportunamente.

Artículo 19. Se elegirá un Representante por cada tres mil almas, o por una fracción que no baje de dos mil.

Artículo 20. Los Representantes para la primera y segunda Legislaturas serán nombrados en la proporción siguiente: por el Departamento de Montevideo, cinco; por el de Maldonado, cuatro; por el de Canelones, cuatro; por el de San José, tres; por el de Colonia, tres; por el de Soriano, tres; por el de Paysandú, tres; por el de Durazno, dos; y por el de Cerro Largo, dos.

Artículo 21. Para la tercera Legislatura deberá formarse el censo general, y arreglarse a él el número de Representantes; dicho censo solo podrá renovarse cada ocho años.

Artículo 22. En todo el territorio de la República se harán las elecciones de Representantes el último domingo del mes de noviembre, a excepción de las dos que han de servir en la primera Legislatura, que deben hacerse precisamente luego que la presente Constitución esté sancionada, publicada y jurada.

Artículo 23. Las funciones de los Representantes durarán por tres años.

Artículo 24. Para ser elegido Representante se necesita: en la primera y segunda Legislaturas, ciudadanía natural en ejercicio, o legal con diez años de residencia; en las siguientes, cinco años de ciudadanía en ejercicio, y en unas y otras, veinticinco años cumplidos de edad, y un capital de cuatro mil pesos, o profesión, arte u oficio útil que le produzca una renta equivalente.

Artículo 25. No pueden ser electos Representantes:
1.º Los empleados civiles o militares, dependientes del Poder Ejecutivo por servicio a sueldo, a excepción de los retirados o jubilados.
2.º Los individuos del clero regular.
3.º Los del secular que gozaren renta con dependencia del Gobierno.

Artículo 26. Compete a la Cámara de Representantes:
1.º La iniciativa sobre impuestos y contribuciones, tomando en consideración las modificaciones con que el Senado las devuelva.
2.º El derecho exclusivo de acusar ante el Senado al Jefe del Estado y sus Ministros, a los miembros de ambas y de la Alta Corte de Justicia, por delitos de traición, concusión, malversación de fondos públicos, violación de la Constitución, u otros que merezcan pena infamante, o de muerte, después de haber conocido sobre ellos, a petición de parte, o de algunos de sus miembros, y declarado haber lugar a la formación de causa.

Capítulo III

Artículo 27. La Cámara de Senadores se compondrá de tantos miembros cuantos sean los departamentos del territorio del Estado, a razón de uno por cada departamento.

Artículo 28. Su elección será indirecta, en la forma y tiempo que designará la Ley.

Artículo 29. Los Senadores durarán en sus funciones por seis años; debiendo renovarse por tercias partes en cada bienio, y decidiéndose por la suerte, luego que todos se reúnan, quienes deban salir el primero y segundo bienios; y sucesivamente los más antiguos.

Artículo 30. Para ser nombrado Senador se necesita: en la primera y segunda Legislaturas, ciudadanía natural en ejercicio, o legal con catorce años de residencia. En las siguientes, siete años de ciudadanía en ejercicio antes de su nombramiento; y en unas y otras, treinta y tres años cumplidos de edad, y un capital de diez mil pesos, o una renta equivalente, o profesión científica que se la produzca.

Artículo 31. Las calidades exclusivas, que se han impuesto a los Representantes en el **Artículo** 25, comprenden también a los Senadores.

Artículo 32. El individuo que fuere elegido Senador y Representante, podrá escoger de los dos cargos el que más le acomode.

Artículo 33. Así los Senadores como los Representantes, en el acto de su incorporación, prestarán juramento de desempeñar debidamente el cargo y de obrar en todo conforme a la presente Constitución.

Artículo 34. Los Senadores y Representantes, después de incorporados en sus respectivas Cámaras, no podrán recibir empleos del Poder Ejecutivo sin consentimiento de aquella a que cada uno pertenezca, y sin que quede vacante su representación en el acto de admitirlos.

Artículo 35. Las vacantes que resulten por éste u otro cualquier motivo durante las sesiones, se llenarán por suplentes designados al tiempo de las elecciones, del modo que expresará la ley, y sin hacerse nueva elección.

Artículo 36. Los Senadores no podrán ser reelegidos sino después que haya pasado un bienio al menos desde su cese.

Artículo 37. Así los Senadores como los Representantes, serán compensados por sus servicios con dietas, que solo se extiendan al tiempo que medie desde que salgan de sus casas hasta que regresen, o deban prudentemente regresar a ellas, y las cuales serán señaladas por resolución especial en la última sesión de la presente Asamblea para los miembros de la primera Legislatura; en la última sesión de ésta, para los de la segunda, y así sucesivamente. Dichas dietas les serán satisfechas con absoluta independencia del Poder Ejecutivo.

Artículo 38. Al Senado corresponde abrir juicio público a los acusados por la Cámara de Representantes, y pronunciar sentencia con la concurrencia, a lo menos, de las dos terceras partes de votos, al solo efecto de separarlos de sus destinos.

Artículo 39. La parte convencida y juzgada, quedará no obstante sujeta a acusación, juicio y castigo conforme a la ley.

Sección V. De las sesiones de la Asamblea General, Gobierno interior de sus dos Cámaras, y de la Comisión Permanente

Capítulo I

Artículo 40. La Asamblea General empezará sus sesiones ordinarias el día 15 de febrero de cada año, y las concluirá el 15 de junio inmediato siguiente. Si algún motivo particular exige la continuación de las sesiones, no podrá ser por más de un mes, y con anuencia de las dos terceras partes de sus miembros.

Artículo 41. Lo que establece el precedente **Artículo** para la apertura de sesiones, no se entenderá respecto del primer período de la primera Legislatura; ésta deberá empezar sus trabajos cuarenta y cinco días después de verificadas las elecciones de sus miembros.

Artículo 42. Si la Asamblea fuese convocada extraordinariamente, no podrá ocuparse de otros asuntos que los que hubieren motivado su convocación.

Capítulo II

Artículo 43. Cada Cámara será el juez privativo para calificar las elecciones de sus miembros.

Artículo 44. Las Cámaras se gobernarán interiormente por el Reglamento que cada una se forme respectivamente.

Artículo 45. Cada Cámara nombrará su Presidente, Vicepresidente y Secretarios.

Artículo 46. Fijará sus gastos anuales y lo avisará al Poder Ejecutivo para que los incluya en el Presupuesto General.

Artículo 47. Ninguna de las Cámaras podrá abrir sus sesiones mientras no esté reunida más de la mitad de sus miembros, y si esto no se hubiese verificado el día que señala la Constitución, la minoría podrá reunirse para compeler a los ausentes bajo las penas que acordaren.

Artículo 48. Las Cámaras se comunicarán por escrito entre sí, y con el Poder Ejecutivo por medio de sus respectivos Presidentes, y con autorización de un Secretario.

Artículo 49. Los Senadores y Representantes jamás serán responsables por sus opiniones, discursos o debates, que emitan, pronuncien o sostengan durante el desempeño de sus funciones.

Artículo 50. Ningún Senador o Representante, desde el día de su elección hasta el de su cese, puede ser arrestado, solo en el caso de delito infraganti; y entonces se dará cuenta inmediatamente a la Cámara respectiva, con la información sumaria del hecho.

Artículo 51. Ningún Senador o Representante, desde el día de su elección hasta el de su cese, podrá ser acusado criminalmente, ni aún por delitos comunes, que no sean de los detallados en el **Artículo** 26, sino ante su respectiva Cámara; la cual, con las dos terceras partes de sus votos, resolverá si hay o no lugar a la formación de causa; y en caso afirmativo, lo declarará suspenso de sus funciones, y quedará a disposición del Tribunal competente.

Artículo 52. Cada Cámara puede también, con las dos terceras partes de votos, corregir a cualquiera de sus miembros por desorden de conducta en el desempeño de sus funciones, o removerlo por imposibilidad física o moral, superviniente después de su incorporación; pero bastará la mayoría de uno sobre la mitad de los presentes, para admitir las renuncias voluntarias.

Artículo 53. Cada una de las Cámaras tiene facultad de hacer venir a su Sala a los Ministros del Poder Ejecutivo, para pedirles y recibir los informes que estime convenientes.

Capítulo III

Artículo 54. Mientras la Asamblea estuviere en receso, habrá una Comisión Permanente, compuesta de dos Senadores y de cinco Representantes, nombrados unos y otros a pluralidad de votos por sus respectivas Cámaras, debiendo la de los primeros designar cuál ha de investir el carácter de Presidente y cuál el de Vicepresidente.

Artículo 55. Al tiempo misino que se haga esta elección, se hará la de un suplente para cada uno de los siete miembros, que entre a llenar sus deberes en los casos de enfermedad, muerte u otros, que ocurran de los propietarios.

Artículo 56. La Comisión Permanente velará sobre la observancia de la Constitución y de las leyes, haciendo al Poder Ejecutivo las advertencias convenientes al efecto, bajo de responsabilidad para ante la Asamblea General.

Artículo 57. Para el caso de que dichas advertencias, hechas hasta por segunda vez, no surtieron efecto, podrá por sí sola, según la importancia y gravedad del asunto, convocar a la Asamblea General ordinaria y extraordinaria.

Artículo 58. Corresponderá también a la Comisión Permanente prestar o rehusar su consentimiento en todos los actos en que el Poder Ejecutivo lo necesite, con arreglo a la presente Constitución; y la facultad concedida a las Cámaras en el **Artículo 53.**

Sección VI. De la proposición, discusión, sanción y promulgación de las Leyes

Capítulo I

Artículo 59. Todo proyecto de ley, a excepción de los del **Artículo 26**, puede tener su origen en cualquiera de las dos Cámaras, a consecuencia de proposiciones hechas por cualquiera de sus miembros o por el Poder Ejecutivo por medio de sus Ministros.

Capítulo II

Artículo 60. Si la Cámara, en que tuvo principio el proyecto, lo aprueba, lo pasará a la otra para que, discutido en ella, lo apruebe también, lo reforme, adicione o deseche.

Artículo 61. Si cualquiera de las dos Cámaras a quien se remitiese un proyecto de ley, lo devolviese con adiciones u observaciones, y la remitente se conformase con ellas, se lo avisará en contestación, y quedará para pasarlo al Poder Ejecutivo; pero si no las hallare justas e insistiese en sostener su proyecto tal y cual lo había remitido al principio, podrá en tal caso, por medio de oficio, solicitar la reunión de ambas Cámaras, que se verificará en la del Senado, y según el resultado de la discusión, se adoptará lo que deliberen los dos tercios de sufragios.

Artículo 62. Si la Cámara a quien fuese remitido el proyecto no tiene reparo que oponerle, lo aprobará, y sin más que avisarlo a la Cámara remitente, lo pasará al Poder Ejecutivo para que lo haga publicar.

Artículo 63. El Poder Ejecutivo, recibido el proyecto, si tuviere objeciones que oponer, u observaciones que hacer, lo devolverá con ellas a la Cámara que se lo remitió o a la Comisión Permanente, estando en receso la Asamblea, dentro del preciso y perentorio término de diez días contados desde que lo recibió.

Artículo 64. Cuando un proyecto de ley fuese devuelto por el Poder Ejecutivo con objeciones u observaciones, la Cámara a quien se devuelva, invitará a la otra para reunirse a reconsiderarlo, y se estará por lo que deliberen las dos tercias partes de sufragios.

Artículo 65. Si las Cámaras reunidas desaprobaren el proyecto devuelto por el Ejecutivo, quedará suprimido por entonces, y no podrá ser presentado de nuevo hasta la siguiente Legislatura.

Artículo 66. En todo caso de reconsideración de un proyecto devuelto por el Poder Ejecutivo, las votaciones serán nominales por sí o por no; y tanto los nombres y fundamentos de los sufragantes, como las objeciones u observaciones del Poder Ejecutivo, se publicarán inmediatamente por la prensa.

Artículo 67. Cuando un proyecto hubiere sido desechado al principio por la Cámara a quien la otra se lo remita, quedará suprimido por entonces, y no podrá ser presentado hasta el siguiente período de la Legislatura.

Capítulo III

Artículo 68. Si el Poder Ejecutivo, habiéndosele remitido un Proyecto de ley, no tuviere reparo que oponerle, lo avisará inmediatamente, quedando así de hecho sancionado, y expedito para ser promulgado sin demora.

Artículo 69. Si el Ejecutivo no devolviese el proyecto de ley, cumplidos los diez días que establece el **Artículo 63**, tendrá fuerza de ley, y se publicará como tal; reclamándose esto, en caso omiso, por la Cámara remitente.

Artículo 70. Reconsiderado por las Cámaras reunidas un proyecto de ley que hubiese sido devuelto por el Poder Ejecutivo con objeciones u observaciones, si aquéllas lo aprobaren nuevamente, se tendrá por su última sanción, y comunicado al Poder Ejecutivo, lo hará promulgar en seguida sin más reparos.

Capítulo IV

Artículo 71. Sancionada una ley, para su promulgación se usará siempre de esta fórmula:
«El Senado y Cámara de Representantes de la República Oriental del Uruguay, reunidos en Asamblea General, etc., etc., decretan...»

Sección VII. Del Poder Ejecutivo, sus atribuciones, deberes y prerrogativas

Capítulo I

Artículo 72. El Poder Ejecutivo de la Nación será desempeñado por una sola persona, bajo la denominación de Presidente de la República Oriental del Uruguay.

Artículo 73. El Presidente será elegido en sesión permanente, por la Asamblea General, el día primero de marzo, por votación nominal, a pluralidad absoluta de sufragios, expresados en balotas firmadas, que leerá públicamente el Secretario, excepto la primera elección de Presidente permanente, que se verificará tan luego como se hallen reunidas las dos terceras partes de los miembros de ambas Cámaras.

Artículo 74. Para ser nombrado Presidente se necesitan: ciudadanía natural, y las demás calidades precisas para Senador, que fija el **Artículo** 30.

Artículo 75. Las funciones del Presidente durarán por cuatro años; y no podrá ser reelegido sin que medie otro tanto tiempo entre su cese y la reelección.

Artículo 76. El Presidente electo, antes de entrar a desempeñar el cargo, prestará en manos del Presidente del Senado, y a presencia de las dos Cámaras reunidas, el siguiente juramento: «Yo (N.) juro por Dios N. S. y estos Santos Evangelios, que desempeñaré debidamente el cargo de Presidente que se me confía; que protegeré la religión del Estado, conservaré la independencia de la República, observaré y haré observar fielmente la Constitución».

Artículo 77. En los casos de enfermedad, o ausencia del Presidente de la República, o mientras se proceda a nueva elección por su muerte, renuncia o destitución, o en el de cesación de hecho por haberse cumplido el término de la Ley, el Presidente del Senado le suplirá y ejercerá las funciones anexas al Poder Ejecutivo, quedando entretanto suspenso de las de Senador.

Artículo 78. En cada elección de Presidente, la Asamblea General le designará previamente la renta anual, con que se han de compensar sus servicios, sin que se pueda aumentar ni disminuir mientras dure en el desempeño de sus funciones.

Capítulo II

Artículo 79. El Presidente es jefe superior de la Administración general de la República. La conservación del orden y tranquilidad en lo interior y de la seguridad en lo exterior, le están especialmente cometidas.

Artículo 80. Le corresponde el mando superior de todas las fuerzas de mar y tierra, y está exclusivamente encargado de su dirección; pero no podrá mandarlas en persona sin previo consentimiento de la Asamblea General, por las dos terceras parles de votos.

Artículo 81. Al Presidente de la República compete también, poner objeciones, o hacer observaciones, sobre los proyectos de ley remitidos por las Cámaras, y suspender su promulgación con las restricciones y calidades prevenidas en la **Sección** sexta; proponer a las Cámaras proyectos de ley, o modificaciones a las anteriormente dictadas en el modo que previene esta Constitución; pedir a la Asamblea General la continuación de sus sesiones, con sujeción a lo que ella misma delibere según el **Artículo** 40; nombrar y destituir el Ministro o Ministros de su despacho, y los Oficiales de las Secretarías; proveer los empleos civiles y militares, conforme a la Constitución y a las leyes, con obligación de solicitar el acuerdo del Senado, o de la Comisión Permanente, hallándose aquél en receso, para los de Enviados Diplomáticos, Coroneles, y demás Oficiales Superiores de las fuerzas de mar y tierra; destituir los empleados por ineptitud, omisión o delito: en los dos primeros casos, con acuerdo del Senado, o en su receso con el de la Comisión Permanente, y en el último pasando el expediente a los Tribunales de Justicia para que sean juzgados legalmente; iniciar con conocimiento del Senado y concluir Tratados de paz, amistad, alianza y comercio, necesitando para ratificarlos la aprobación de la Asamblea General; celebrar en la misma forma concordatos con la Silla Apostólica; ejercer el Patronato, y retener o conceder pase a las bulas pontificias conforme a las leyes; declarar la guerra previa resolución de la Asamblea General, después de haber empleado todos los medios de evitarla sin menoscabo del honor e independencia nacional; dar retiros, conceder licencias, y arreglar las pensiones de todos los empleados civiles y militares, con arreglo a las leyes; tomar medidas prontas de seguridad en los casos graves e imprevistos de ataque exterior o conmoción interior, dando inmediatamente cuenta a la Asamblea General, o en su receso, a la Comisión Permanente, de lo ejecutado y sus motivos, estando a su resolución.

Capítulo III

Artículo 82. El Presidente debe publicar y circular, sin demora, todas las Leyes que conforme la **Sección** sexta se hallen en estado de publicarse y circularse; ejecutarlas, hacerlas ejecutar, expidiendo los Reglamentos especiales que sean necesarios para su ejecución; cuidar de la recaudación de las rentas y contribuciones generales, y de su inversión conforme a las leyes; presentar anualmente a la Asamblea General el presupuesto de gastos del año entrante, y dar cuenta instruida de la inversión hecha en el anterior; convocar a la Asamblea General en la época prefijada por la Constitución, sin que le sea dado el impedirlo, ni poner embarazo a sus sesiones; hacer la apertura de éstas, reunidas ambas Cámaras en la Sala del Senado, informándoles entonces del estado político y militar de la República, y de las mejoras y reformas que considere dignas de su atención; dictar las providencias necesarias para que las elecciones se realicen en el tiempo que señala esta Constitución, y que se observe en ellas lo que disponga la ley electoral; pero sin que pueda por motivo alguno suspender dichas elecciones, ni variar sus épocas, sin que previamente lo delibere así la Asamblea General.

Artículo 83. El Presidente de la República no podrá salir del territorio de ella durante el tiempo de su mando, ni un año después; solo cuando fuese absolutamente preciso en el caso, y con el previo permiso que exige el **Artículo** 80; ni privar a individuo alguno de su libertad personal; y en el caso de exigirlo así urgentísimamente el interés público, se limitará

38

al simple arresto de la persona, con obligación de ponerla en el perentorio término de veinticuatro horas a disposición de su juez competente; ni permitir goce de sueldo por otro título que el de servicio activo, jubilación, retiro, o montepío, conforme a las leyes; ni expedir órdenes sin la firma del Ministro respectivo, sin cuyo requisitos nadie estará obligado a obedecerle.

Capítulo IV

Artículo 84. El Presidente de la República tendrá la prerrogativa de indultar de la pena capital, previo informe del Tribunal, o Juez, ante quien penda la causa, en los delitos no exceptuados por las leyes, y cuando medien graves y poderosos motivos para ello; también la de no poder ser acusado en el tiempo de su gobierno sino ante la Cámara de Representantes, y por los delitos señalados en el **Artículo** veintiséis, y la de que esta acusación no pueda hacerse más que durante el ejercicio de sus funciones o un año después, que será el término de su residencia, pasado el cual, nadie podrá ya acusarlo.

Sección VIII. De los Ministros de Estado

Capítulo único

Artículo 85. Habrá para el despacho, las respectivas Secretarías de Estado, a cargo de uno o más Ministros que no pasarán de tres. Las Legislaturas siguientes podrán adoptar el sistema que dicte la experiencia, o exijan las circunstancias.

Artículo 86. El Ministro o Ministros serán responsables de los decretos u órdenes que firmen.

Artículo 87. Para ser Ministro se necesita: 1.º ciudadanía natural, o legal con diez años de residencia; 2.º Treinta años cumplidos de edad.

Artículo 88. Abiertas las sesiones de las Cámaras, será obligación de los Ministros dar cuenta particular a cada una de ellas del estado de todo lo concerniente a sus respectivos departamentos.

Artículo 89. Concluido su ministerio quedan sujetos a residencia por seis meses, y no podrán salir por ningún pretexto fuera del territorio de la República.

Artículo 90. No salva a los Ministros de responsabilidad por los delitos especificados en el **Artículo** veintiséis, la orden escrita o verbal del Presidente.

Sección IX. Del Poder Judicial, sus diferentes tribunales y juzgados, y de la Administración de Justicia

Capítulo I

Artículo 91. El Poder Judicial se ejercerá por una Alta Corte de Justicia, Tribunal o Tribunales de Apelaciones, y Juzgados de primera instancia, en la forma que estableciere la ley.

Capítulo II

Artículo 92. La Alta Corte de Justicia se compondrá del número de miembros que la ley designe.

Artículo 93. Para ser miembro letrado de la Alta Corte de Justicia, se necesita haber ejercido por seis años la profesión de abogado; por cuatro la de magistrado; tener cuarenta años cumplidos de edad, y las demás calidades precisas para Senador que establece el **Artículo** treinta. Estas últimas y la de la edad serán también necesarias a los miembros no letrados de dicha Alta Corte, que estableciere la ley.

Artículo 94. La calidad de cuatro años de Magistratura que se exige para ser miembro de la Alta Corte de Justicia, no tendrá efecto hasta pasados cuatro años después de jurada la presente Constitución.

Artículo 95. Su nombramiento se hará por la Asamblea General: los letrados durarán en sus cargos, todo el tiempo de su buena comportación; y recibirán del Erario público el sueldo que señale la Ley.

Artículo 96. A la Alta Corte de Justicia corresponde juzgar a todos los infractores de la Constitución, sin excepción alguna: sobre delitos contra el Derecho de Gentes y causas del Almirantazgo; en las cuestiones de Tratados o negociaciones con Potencias extrañas; conocer en las causas de Embajadores, Ministros Plenipotenciarios y además Agentes diplomáticos de los gobiernos extranjeros.

Artículo 97. También decidirá los recursos de fuerza y conocerá en último grado de los que en los casos y forma que designe la Ley, se eleven de los Tribunales de Apelaciones.

Artículo 98. Abrirá dictamen al Poder Ejecutivo sobre la admisión o retención de bulas y breves pontificios.

Artículo 99. Ejercerá la superintendencia directiva, correccional, consultiva y económica sobre todos los Tribunales y Juzgados de la Nación.

Artículo 100. Nombrará con la aprobación del Senado, o en su receso, con el de la Comisión Permanente, los individuos que han de componer el Tribunal o Tribunales de Apelaciones.

Artículo 101. La Ley designará las instancias que haya de haber en los juicios de la Alta Corte de Justicia; éstos serán públicos y las sentencias definitivas, motivadas por la enunciación expresa de la ley aplicada.

Capítulo III

Artículo 102. Para la más pronta y fácil administración de justicia se establecerá en el territorio del Estado uno o más Tribunales de Apelaciones, con el número de Ministros que la ley señalará, debiendo éstos ser ciudadanos naturales o legales, y con cuatro años de ejercicio de la profesión de abogado, los letrados que la misma ley le designe.

Artículo 103. Su nombramiento se hará como establece el **Artículo** cien; durarán en sus empleos todo el tiempo de su buena comportación, y recibirán del Erario Nacional el sueldo que se les señale.

Artículo 104. Sus atribuciones las declarará la ley, formándose entretanto un Reglamento provisorio para su organización y procedimiento.

Capítulo IV

Artículo 105. En los Departamentos habrá Jueces Letrados para el conocimiento y determinación de la primera instancia en lo civil y criminal, en la forma que establecerá la Ley, hasta que se organice el juicio por jurados.

Artículo 106. Para ser Juez de primera instancia se necesita ser ciudadano natural o legal y haber ejercido dos años la abogacía; la Ley señalará el sueldo de que ha de gozar.

Capítulo V

Artículo 107. Se establecerán igualmente Jueces de Paz para que procuren conciliar los pleitos que se pretendan iniciar; sin que pueda entablarse ninguno, en materia civil y de injurias, sin constancia de haber comparecido las partes a la conciliación.

Capítulo VI

Artículo 108. Las leyes fijarán el orden y las formalidades del proceso en lo civil y criminal.

Artículo 109. Ninguna causa, sea de la naturaleza que fuere, podrá juzgarse ya fuera del territorio de la República. La Ley proveerá lo conveniente a este objeto.

Artículo 110. Quedan prohibidos los juicios por comisión.

Artículo 111. Quedan abolidos los juramentos de los acusados en sus declaraciones o confesiones, sobre hecho propio; y prohibido el que sean tratados en ellas como reos.

Artículo 112. Queda igualmente vedado el juicio criminal en rebeldía. La Ley proveerá lo conveniente a este respecto.

Artículo 113. Ningún ciudadano puede ser preso sino infraganti delito, o habiendo semiplena prueba de él, y por orden escrita de juez competente.

Artículo 114. En cualquiera de los casos del **Artículo** anterior, el Juez, bajo la más seria responsabilidad, tomará al arrestado su declaración dentro de veinticuatro horas, y dentro de cuarenta y ocho, lo más, empezará el sumario, examinando a los testigos a presencia del acusado y de su defensor, quien asistirá igualmente a la declaración y confesión de su protegido.

Artículo 115. Todo juicio criminal empezará por acusación de parte o del acusador público, quedando abolidas las pesquisas secretas.

Artículo 116. Todos los Jueces son responsables ante la Ley de la más pequeña agresión contra los derechos de los ciudadanos, así como por separarse del orden de proceder que ella establezca.

Capítulo VII

Artículo 117. La organización del Poder Judicial sobre las bases comprendidas desde el **Artículo** noventa y uno hasta el ciento seis, podrá suspenderse por las legislaturas siguientes, ínterin, a juicio de ellas, no haya suficiente número de abogados y demás medios de realizarse.

Sección X. Del Gobierno y administración interior de los departamentos

Capítulo I

Artículo 118. Habrá en el pueblo cabeza de cada Departamento un agente del Poder Ejecutivo, con el título de Jefe Político, y al que corresponderá todo lo gubernativo de él; y en los demás pueblos subalternos, Tenientes sujetos a aquél.

Artículo 119. Para ser Jefe Político de un Departamento se necesita ciudadanía en ejercicio; ser vecino del mismo Departamento, con propiedades cuyo valor no baje de cuatro mil pesos, y mayor de treinta años.

Artículo 120. Sus atribuciones, deberes, facultades, tiempo de su duración, y sueldos de unos y otros, serán detallados en un Reglamento especial, que formará el Presidente de la República, sujetándolo a la aprobación de la Asamblea General.

Artículo 121. El nombramiento de estos Jefes y sus Tenientes corresponderá exclusivamente al Poder Ejecutivo.

Capítulo II

Artículo 122. En los mismos pueblos cabeza de los Departamentos se establecerán Juntas con el título de Económico-Administrativas, compuestas de ciudadanos vecinos, con propiedades raíces en sus respectivos distritos, y cuyo número, según la población, no podrá bajar de cinco ni pasar de nueve.

Artículo 123. Serán elegidos por elección directa según el método que prescriba la Ley de elecciones.

Artículo 124. Al mismo tiempo, y en la misma forma, se elegirán otros tantos suplentes para cada Junta.

Artículo 125. Estos cargos serán puramente concejiles y sin sueldo alguno; durarán tres años en el ejercicio de sus funciones; se reunirán dos veces al año por el tiempo que cada una acuerde, y elegirán presidente de entre sus miembros.

Artículo 126. Su principal objeto será promover la agricultura, la prosperidad y ventajas del Departamento en todos sus ramos: velar así sobre la educación primaria, como sobre la conservación de los derechos individuales; y proponer a la Legislatura y al Gobierno todas las mejoras que juzgaren necesarias o útiles.

Artículo 127. Para atender a los objetos a que se contraen las Juntas Económico-Administrativas, dispondrán de los fondos y arbitrios que señale la Ley, en la forma que ella establecerá.

Artículo 128. Todo establecimiento público, que pueda y quiera costear un Departamento, sin gravamen de la Hacienda Nacional, lo hará por medio de su Junta Económico-Administrativa, con solo aviso instruido al Presidente de la República.

Artículo 129. El Poder Ejecutivo formará el que sirva para el régimen interior de las Juntas Económico-Administrativas, quienes propondrán las alteraciones o reformas que crean convenientes.

Sección XI. Disposiciones generales

Capítulo único

Artículo 130. Los habitantes del Estado tienen derecho a ser protegidos en el goce de su vida, honor, libertad, seguridad y propiedad.
Nadie puede ser privado de estos derechos sino conforme a las leyes.

Artículo 131. En el territorio del Estado, nadie nacerá ya esclavo; queda prohibido para siempre su tráfico e introducción en la República.

Artículo 132. Los hombres son iguales ante la Ley, sea preceptiva, penal, o tuitiva, no reconociéndose otra distinción entre ellos sino la de los talentos o las virtudes.

Artículo 133. Se prohíbe la fundación de mayorazgos, y toda clase de vinculaciones; y ninguna autoridad de la República podrá conceder título alguno de nobleza, honores o distinciones hereditarias.

Artículo 134. Las acciones privadas de los hombres, que de ningún modo atacan el orden público ni perjudican a un tercero, están solo reservadas a Dios y exentas de la autoridad de los Magistrados. Ningún habitante del Estado será obligado a hacer lo que no manda la Ley, ni privado de lo que ella no prohíbe.

Artículo 135. La casa del ciudadano es un sagrado inviolable. De noche, nadie podrá entrar en ella sin su consentimiento; y de día, solo de orden expresa del Juez competente, por escrito y en los casos determinados por la Ley

Artículo 136. Ninguno puede ser penado, ni confinado sin forma de proceso y sentencia legal.

Artículo 137. Una de las primeras atenciones de la Asamblea General, será el procurar que, cuanto antes sea posible, se establezca el juicio por jurados en las causas criminales, y aun en las civiles.

Artículo 138. En ningún caso se permitirá que las cárceles sirvan para mortificar, y sí solo para asegurar a los acusados.

Artículo 139. En cualquier estado de una causa criminal de que no haya de resultar pena corporal, se pondrá al acusado en libertad, dando fianza según Ley.

Artículo 140. Los papeles particulares de los ciudadanos, lo mismo que sus correspondencias epistolares, son inviolables, y nunca podrá hacerse su registro, examen o intercepción, fuera de aquellos casos en que la Ley expresamente lo prescriba.

Artículo 141. Es enteramente libre la comunicación de los pensamientos por palabras, escritos privados, o publicados por la prensa en toda materia, sin necesidad de previa censura; quedando responsable el autor, y en su caso el impresor, por los abusos que cometieren, con arreglo a la Ley.

Artículo 142. Todo ciudadano tiene el derecho de petición para ante todas y cualesquiera autoridades del Estado.

Artículo 143. La seguridad individual no podrá suspenderse sino con anuencia de la Asamblea General, o de la Comisión Permanente estando aquélla en receso, y en el caso extraordinario de traición, o conspiración contra la Patria; y entonces, solo será para la aprehensión de los delincuentes.

Artículo 144. El derecho de propiedad es sagrado e inviolable: a nadie podrá privarse de ella sino conforme a la Ley. En el caso de necesitar la Nación la propiedad particular de algún individuo para destinarla a usos públicos, recibirá éste del Tesoro Nacional una justa compensación.

Artículo 145. Nadie será obligado a prestar auxilios, sean de la clase que fueren, para los ejércitos, ni a franquear su casa para alojamiento de militares, sino de orden del Magistrado civil según la Ley, y recibirá de la República la indemnización del perjuicio que en tales casos se le infiera.

Artículo 146. Todo habitante del Estado puede dedicarse al trabajo, cultivo, industria o comercio que le acomode, como no se oponga al bien público, o al de los ciudadanos.

Artículo 147. Es libre la entrada de todo individuo en el territorio de la República, su permanencia en él y su salida con sus propiedades, observando las leyes de policía, y salvo perjuicio de tercero.

Sección XII. De la observación de las Leyes antiguas, publicación y juramento, interpretación y reforma de la presente Constitución

Capítulo I

Artículo 148. Se declaran en su fuerza y vigor las leyes que hasta aquí han regido en todas las materias y puntos que directa o indirectamente no se opongan a esta Constitución, ni a los Decretos y Leyes que expida el Cuerpo Legislativo.

Capítulo II

Artículo 149. La presente Constitución será solemnemente publicada y jurada en todo el territorio del Estado, después de satisfecho el **Artículo** séptimo de la Convención Preliminar de Paz celebrada entre la República Argentina y el Gobierno del Brasil.

Artículo 150. Ninguno podrá ejercer empleo político, civil ni militar, sin prestar juramento especial de observarla y sostenerla.

Artículo 151. El que atentare o prestare medios para alentar contra la presente Constitución después de sancionada, publicada y jurada, será reputado, juzgado y castigado como reo de lesa-nación.

Capítulo III

Artículo 152. Corresponde exclusivamente al Poder Legislativo interpretar o explicar la presente Constitución; como también reformarla en todo o en parte, previas las formalidades que establecen los artículos siguientes.

Artículo 153. Si antes de concluirse la primera Legislatura, o cualquiera de las otras sucesivas, reputare ella misma necesario revisar esta Constitución para entrar en la reforma de alguno, o algunos, de sus artículos, hecha la moción en una de las Cámaras, y apoyada por la tercera parte de sus miembros, lo comunicará a la otra, de oficio, solo para saber si en ella es apoyada también por igual número de votos.

Artículo 154. En caso de no ser así apoyada, quedará desechada la moción, y no podrá ser renovada hasta el siguiente período de la misma Legislatura, observándose iguales formalidades.

Artículo 155. Si en la Cámara, a quien se comunicó la moción, fuere apoyada también por la tercera parte de sufragios, se reunirán ambas para tratar y discutir el asunto.

Artículo 156. Si no fuese aprobada por las dos terceras partes de miembros, no se podrá volver a tratar hasta la siguiente Legislatura; pero si dichas dos terceras partes declaran que el interés nacional exige que se revise la Constitución para entrar en su reforma, lo avisarán al Poder Ejecutivo, y éste lo circulará al tiempo de impartir las órdenes para las nuevas elecciones.

Artículo 157. En este caso, los Senadores y Diputados nuevamente electos deberán venir autorizados con poderes especiales de sus comitentes para revisar la Constitución y proponer las reformas, variaciones, o adiciones, que fueren apoyadas por la tercera parte de los miembros de ambas Cámaras.

Artículo 158. Hechas y apoyadas así dichas variaciones, reformas o adiciones, después de discutidas, se reservarán hasta la siguiente Legislatura, cuyos miembros, con poderes también especiales, las discutirán y sancionarán, admitiéndolas o desechándolas en todo, o en parte bajo las reglas prescritas en la **Sección** sexta.

Artículo 159. La forma constitucional de la República no podrá variarse sino en una grande Asamblea General compuesta de número doble de Senadores y Representantes, especialmente autorizados por sus comitentes para tratar de esta importante materia; y no podrá sancionarse por menos de tres cuartas partes de votos del número total.

Dada en la Sala de Sesiones y firmada de mano de todos los Representantes que se hallaron presentes, en la ciudad de San Felipe y Santiago de Montevideo, a diez días del mes de septiembre del año de mil ochocientos veintinueve, segundo de nuestra Independencia.

Ley de Reforma Constitucional de 28 de agosto de 1912

Se sustituyeron los artículos 152 a 159 de la Constitución de 1830, por los siguientes:

Artículo 152. «Corresponde exclusivamente al Poder Legislativo interpretar o explicar la presente Constitución.»

Artículo 153. «Para la reforma de la Constitución de la República se requiere la previa declaración de la conveniencia nacional de la reforma por las dos terceras partes de votos de ambas Cámaras Legislativas.»

Artículo 154. «Una vez sancionada dicha declaración, el Poder Ejecutivo convocará al pueblo a la elección ele una Convención Nacional Constituyente.»

Artículo 155. «Esta Convención será elegida popularmente. No será óbice al ejercicio de la ciudadanía en la elección de la Convención Nacional Constituyente, la condición de sirviente a sueldo o peón jornalero ni la circunstancia de no saber leer ni escribir.»

Artículo 156. «Esta Convención será elegida con un número de miembros honorarios que sea doble del de la Asamblea General. Para formar parte de ella será necesario reunir las condiciones que se requieren para ser electo Diputado.
Los miembros de la Convención gozarán de las mismas inmunidades de que gozan los Diputados y Senadores de la Nación.»

Artículo 157. «La Convención se instalará previa convocatoria del Presidente de la Asamblea General.»

Artículo 158. «La Convención Nacional Constituyente, después de estudiar y discutir las enmiendas, las aceptará o rechazará en todo o en parte por mayoría absoluta de votos y de acuerdo con los Reglamentos internos que ella misma se dicte. Deberá expedirse también en el término de un año.»

Artículo 159. «Las enmiendas o adiciones se someterán a la aprobación del Cuerpo Electoral. Los votantes se expresarán por "Sí" o por "No".»

Libros a la carta

A la carta es un servicio especializado para
empresas,
librerías,
bibliotecas,
editoriales
y centros de enseñanza;
y permite confeccionar libros que, por su formato y concepción, sirven a los propósitos más específicos de estas instituciones.

Las empresas nos encargan ediciones personalizadas para marketing editorial o para regalos institucionales. Y los interesados solicitan, a título personal, ediciones antiguas, o no disponibles en el mercado; y las acompañan con notas y comentarios críticos.

Las ediciones tienen como apoyo un libro de estilo con todo tipo de referencias sobre los criterios de tratamiento tipográfico aplicados a nuestros libros que puede ser consultado en Linkgua-ediciones.com.

Linkgua edita por encargo diferentes versiones de una misma obra con distintos tratamientos ortotipográficos (actualizaciones de carácter divulgativo de un clásico, o versiones estrictamente fieles a la edición original de referencia).

Este servicio de ediciones a la carta le permitirá, si usted se dedica a la enseñanza, tener una forma de hacer pública su interpretación de un texto y, sobre una versión digitalizada «base», usted podrá introducir interpretaciones del texto fuente. Es un tópico que los profesores denuncien en clase los desmanes de una edición, o vayan comentando errores de interpretación de un texto y esta es una solución útil a esa necesidad del mundo académico.

Asimismo publicamos de manera sistemática, en un mismo catálogo, tesis doctorales y actas de congresos académicos, que son distribuidas a través de nuestra Web.

El servicio de «libros a la carta» funciona de dos formas.

1. Tenemos un fondo de libros digitalizados que usted puede personalizar en tiradas de al menos cinco ejemplares. Estas personalizaciones pueden ser de todo tipo: añadir notas de clase para uso de un grupo de estudiantes, introducir logos corporativos para uso con fines de marketing empresarial, etc. etc.

2. Buscamos libros descatalogados de otras editoriales y los reeditamos en tiradas cortas a petición de un cliente.